Brasil

Manifesto Silencioso

por

Luis Alexandre Ribeiro Branco

Dedicatória

*Dedico este livreto aos quase duzentos
milhões de brasileiros que sonham com um
Brasil melhor para nós e nossos filhos.*

Introdução

Este ensaio é uma coletânea de artigos reunidos com o objetivo de apresentar um manifesto silencioso, mas não calado sobre a decadência política e social que vivemos nestes dias no Brasil.

Não se trata de um trabalho acadêmico, poético, filosófico ou político e sim apenas um manifesto de um brasileiro que sonha com um país melhor.

Será um prazer receber seu comentário sobre este trabalho através do email:
contato@verdadenapratica.com

Brasil, meu Brasil brasileiro

Brasil, meu Brasil brasileiro,
Assim como muitos do teu povo,
Entraste para a história por um acidente.
Tua história tinha tudo para ser a mais bonita,
Um encontro de povos às margens do Atlântico,
Viria a formar um novo povo, uma nova raça,
Um encontro de varias matrizes étnicas que fazia surgir o brasileiro.

Brasil, meu Brasil brasileiro,
Uma cruz foi erguida numa terra denominada Vera Cruz,
Ali invocou-se ao Cristo, na terra onde tantos outros deuses, guias, espíritos, caboclos e orixás também viriam a ser invocado e já o eram.

Apesar da religiosidade, não havia piedade,

Tantos outros madeiros foram erguidos por esta terra, não para a invocação santa,

Mas para subjugar pela força do braço do homem branco, todos que não eram brancos.

escravidãoBrasil, meu Brasil brasileiro,

Teu chão foi regado de sangue de índios e negros,

Neste solo regado de sangue nasceu a pobreza, nasceu o ódio, nasceu a miséria visível em cada canto desta terra.

Um encontro que tinha tudo para ser de amor, foi de ódio.

Nasceu a nova raça desta mistura de matrizes étnicas,

Mas não nasceu do amor, nasceu do abuso, da violência, do estupro.

Esse somos nós filhos desta história que muitos não querem contar.

Brasil, meu Brasil brasileiro,

Temos festas, e até o maior espetáculo público do mundo,

Temos rítmicos, temos tambores, temos canções,

Mas no fundo somos infelizes.

Nestas mesmas favelas onde se cria o maior espetáculo da terra,

Anualmente cinquenta mil pessoas morrem vítimas da violência, drogas, e descaso público,

Cantamos e dançamos num desejo eufórico de sufocar nossa tristeza.

Brasil, meu Brasil brasileiro,

Conheceste todo tipo de governo, foste colónia, foste império,

Viveste debaixo da ditadura, e hoje és república,

Mas em todos estes governos foste falho, foste corrupto, foste cruel,

Que te resta meu Brasil, a anarquia? Não, seriamos apenas ainda mais infeliz.

A maldade faz parte da essência do nosso povo, somos mais cruéis que acreditamos ser.

Matamos por tudo e por nada, roubamos o que tem valor e o que não vale nada.

Somos os novos bárbaros do século XXI.

Brasil, meu Brasil brasileiro,

O que o destino te reserva? Teus governantes são corruptos, seus magistrados silenciados por um preço e teus filhos clamam desesperados nas ruas sem que ninguém os ouça

É preciso recomeçar, recomeçar da consciência de quem somos e do que precisamos mudar.

É preciso importar a dignidade, a ética, os valores humanos que nunca foram naturais para o nosso povo.

Será que ainda há tempo? Será que posso sonhar com um Brasil que nem meus bisavós,

avós e meus pais conheceram? Será que posso sonhar com uma terra de amor para meus filhos, como aquela que deveria ter surgido às margens do Atlântico?

Brasil, meu Brasil brasileiro,
É hora de chacoalhar o jugo que nos aprisiona há cinco séculos,
Numa indignação coletiva que mudará tua história para sempre!

por Luis Alexandre Ribeiro Branco

Solitariamente indignado

Em trinta e nove anos sempre tive orgulho em ser brasileiro, mesmo vivendo quase metade da minha vida fora do meu país, me alegrei com cada avanço e me entristeci com cada derrota ou fatalidade. Mas confesso, que ontem tive vontade renunciar minha nacionalidade brasileira, e dizer: "Chega, nada tenho com isto!" Mas não posso desistir assim tão facilmente deixando aproximadamente cento e noventa milhões de irmãos meus a sofrer sem mais uma voz para engrossar o canto dos indignados.

Precisamos nos unir como povo numa manifestação de repúdio contra os descalabro da classe dirigente e que assumirmos cada centímetro quadrado do nosso país. É preciso levantarmos nossa voz contra os costumeiros esquemas de compra votos na Câmara dos Deputados e Senado, bem como das camadas menos favorecidas da sociedade e que enriquece políticos da noite para o dia. É praticamente impossível encontrar um único homem revestido de autoridade no Brasil que não seja corrompido de alguma forma.

Em 1977, nos Estados Unidos, a Nestle lançou uma propaganda multinacional que tendia encorajar as mães dos países em desenvolvimento a substituir o leite materno pelo leite em pó. Dado o desconhecimento das mães, dos processos de esterilização, a juntar-se à poluição da água, o uso de leite em pó provocou a morte de milhões de crianças nestes países. Quando o assunto se tornou público, começou um manifesto nos Estados Unidos, que cresceu de forma assustadora, com a adesão de toda a população e mais de 1200 empresas, que durou até 1984. Levando a Nestle a quase completa falência, e a mudança absoluta da sua postura ética comercial e um prejuízo de milhões e milhões de dólares. Na ocasião, gastaram em 1982, mais de vinte milhões de dólares em propaganda para corrigir as informações erradas passadas nas propagandas enganosas anteriores. E assim, com seu boicote, um país pôs fim às mentiras de uma empresa.

No Brasil não fazemos nada, ontem, depois do teatro orquestrado pelo STF para dar tempo aos réus para salvarem-se e garantirem-se como pudessem, a maioria do povo brasileiro foi para casa no máximo inconformado, falou mal, reclamou, xingou uns palavrões, como temos feito sempre, mas nada além da inconformidade superficial deixando as coisas exatamente como estão. Meu Deus, onde está o sangue brasileiro que não ferve nesta hora? Até quando iremos permitir que estes governos, e aqui me refiro aos Três Poderes da República Federativa do Brasil, goze com a cara do nosso povo e nos envergonhem a nível mundial. O Brasil é conhecido hoje pela manhã em todo o mundo como o país das bananas!

É preciso ocupar as ruas, é preciso dar um basta nos impostos elevadíssimos que se paga no Brasil, é preciso uma gigantesca indignação que dure até o povo ser ouvido e os corruptos presos. É preciso fazer uso consciente do nosso privilégio eleitoral e nas eleições fazer uma limpeza geral nesta podridão vergonhosa que envolve a classe política do Brasil. O poeta cancioneiro descreveu a vida do brasileiro como "vida de gado, povo marcado, povo feliz". Com todo respeito ao poeta, não somos gado e muito menos felizes, a marca que carregamos é a vergonha de pertencer a um país onde não há justiça para todos.

Uma sociedade em decadência

Pompeia foi uma cidade do antigo Império Romano, localizada nas proximidades de Nápoles. O que torna Pompeia interessante é o estilo de vida adotado pelos moradores da cidade. O filósofo Francis Schaeffer escreveu que: "À medida que o Império (romano) ficava em ruínas, os decadentes romanos se entregavam a sua sede pela violência e satisfação de seus sentidos. Isso fica especificamente evidente pela sua sexualidade exacerbada. Em Pompeia, por exemplo, aproximadamente um século depois de a República ter se tornado coisa do passado, o culto ao falo era prática comum. Estátuas e pinturas de exagerado conteúdo sexual decoravam as casas dos mais influentes. Nem toda arte de Pompeia era assim, mas as representações sexuais eram desavergonhadamente gritantes."[1] O Museu Nacional de Arqueologia de Nápoles guarda obras eróticas capazes de envergonhar até mesmo os mais liberais dos nossos dias.

A decadência moral de uma civilização é um dos últimos sinais que evidenciam que todos os demais valores daquela sociedade já foram derrubados. Foi assim com praticamente todas as civilizações históricas e assim continua sendo em nossos dias. Quando a sociedade se entrega desenfreadamente às suas paixões carnais, e a busca pela satisfação dos sentidos, sua queda está próxima. Francis Schaeffer diz mais sobre a

---

[1] SCHAEFFER, Francis. Como Viveremos: Uma analise das características de nossa época em busca de soluções para os problemas desta virada de milênio. São Paulo: Editora Cultura Cristã, 2003, pág. 17.

Roma antiga: "Roma não caiu devido a alguma força externa, tal como a invasão dos bárbaros. Roma não tinha suficiente base interna; os bárbaros só deram o empurrão final para o colapso – e gradualmente Roma tornou-se ruínas."[2] A desmoralização de uma sociedade é o sinal de que suas bases estruturais já foram derrubadas e que sua queda completa é apenas uma questão de tempo.

No entanto, a imoralidade de Pompeia e do Império Romano não estavam restritos à sexualidade, mas também envolviam a justiça social. Quanto mais a economia romana decaia, o fardo da inflação e impostos crescia sobre o povo. O trabalho escravo conseguiu cada vez mais força e as liberdades individuais foram cada vez mais enfraquecidas.

---

[2] Ibid., pág. 18.

É curioso observar o fim histórico de Pompeia, a cidade foi destruída durante uma grande erupção do vulcão Vesúvio (79 d.C.), cuja as cinzas cobriram completamente a cidade, que só foi reencontrada em 1748. O fim foi basicamente o mesmo experimentado por Sodoma e Gomorra, narrado em Gênesis 19. E tal como Pompeia e Roma, os pecados de Sodoma e Gomorra iam além do meramente sexual, veja o que escreveu o profeta Ezequiel: "Eis que esta foi a iniqüidade de Sodoma, tua irmã: Soberba, fartura de pão, e abundância de ociosidade teve ela e suas filhas; mas nunca fortaleceu a mão do pobre e do necessitado." (Ez 16:49).

Durante a decadência moral do Império Romano, a princípio a igreja resistiu às tentações com grande bravura, fazendo com que milhares de cristãos fossem mortos das formas mais terríveis e até mesmo passando as suas mortes a serem usadas como espetáculos para entretenimento do povo, e muitas vezes seus corpos em chama foram utilizados como tochas para iluminação públicas das cidades.

No entanto, logo a igreja cedeu aos encantos da ganância e da imoralidade. Com o reconhecimento da igreja como religião oficial do Estado Romano, esta enfraqueceu moralmente diante dos privilégios e favores do estado, e tornou-se o centro da disputa pelo poder político e religioso dos reis e líderes cristãos. Em sua arrogância tornou-se voltada apenas para si mesma, esqueceu-se da santidade e da justiça social e tornou-se intolerante.

O historiador Earle E. Cairns escreveu: "Infelizmente a Igreja ganhou em poder, mas se tornou arrogante perseguidora do paganismo do mesmo modo que as autoridades religiosas pagãs tinham agido em relação aos cristãos. Parece que no balanço final, a aproximação entre a Igreja e Estado trouxe mais malefícios do que bênçãos à Igreja Cristã."[3] Dentro da igreja o caos era imenso, desde heresias das mais diversas, toda sorte de imoralidade sexual, abuso do poder e dos bens da igreja, negligência para com os pobres e injustiçados e uma incansável disputa pelo poder. A espiritualidade, outrora presente na vida dos cristãos primitivos, havia desaparecido do meio da igreja naqueles dias. Era extremamente difícil encontrar um só soberano, legislador, ou qualquer autoridade temporal ou religiosa que não fosse um herege ou um pagão. O que observamos na história é que a igreja deixou de exercer seu papel profético e passou a ser profundamente

---

[3] CAIRNS, Earle E. O Cristianismo Através dos Séculos: Uma História da Igreja Cristã. São Paulo: Sociedade Religiosa Edições Vida Nova, 1990, pág. 101.

influenciada pelo paganismo, não só no estilo de vida imoral, na corrupção, na falsidade religiosa, e, até mesmo a liturgia da igreja sofreu os efeitos desta queda terrível.

No decorrer da história Deus interveio e preservou para si um povo que buscou não se contaminar e através dos séculos podemos identificar vários momentos de despertamento e avivamento na igreja, e a Reforma Protestante foi sem dúvida o mais importante despertamento da igreja desde Atos dos Apóstolos, fazendo com que a igreja voltasse à valores outrora esquecidos e acima de tudo a enfatizar a autoridade das Sagradas Escrituras. Na Reforma vemos alguns elementos de fundamental importância na história, não só da igreja, mas de toda sociedade: [1] Mudanças radicais que afetaram todas as áreas da vida de muitos países europeus, e também na formação de outros países como Estados Unidos da América, Austrália e Nova Zelândia. [2] Efeitos profundos na cosmovisão moderna das leis e práticas políticas dos países reformados. [3] Efeitos significativos na literatura, língua e educação dos países reformados. A língua alemã, por exemplo, teve seu estabelecimento como fruto dos trabalhos de tradução realizados por Martinho Lutero. [4] Efeitos nos campos da ciência, se não fosse a Reforma Protestante, que encorajou e serviu de plataforma de incentivo para novas pesquisas, estaríamos muito atrasados no que diz respeito a ciência, visto que toda pesquisa cientifica anterior a reforma deveria ser aprovada e controlada pela igreja. [5] A Reforma Protestante estabeleceu os direitos e obrigações da consciência individual. Se hoje existe alguma forma chamada "liberdade de expressão e consciência", ela é resultado do trabalho dos reformadores.

No entanto, mesmo diante de todas as conquistas da Reforma Protestante, tanto a sociedade como a igreja embarcaram num retrocesso social, religioso e político lamentável. A imoralidade sexual, a injustiça social, as aberrações teológicas, os abusos do poder e dos recursos da sociedade e da igreja se aproximam daquilo que foi vivenciado em toda Roma antiga.

Nosso sistema político encontra-se fragilizado e nossa tão querida democracia parece não produzir mais os benefícios esperados em uma sociedade igualitária. E para piorar a situação, os políticos cristãos que se elegem à custas da igreja, numa proposta de redimirem com sua conduta e fé o sistema político, mostram-se tão corrompidos como os demais políticos, e lamentavelmente, em alguns casos até piores.

Os escândalos envolvendo políticos vão além da corrupção do poder e financeira, mas até mesmo da imoralidade sexual, basta conferir nos jornais. O sistema social encontra-se num estado deplorável, onde o rico continua cada vez mais rico e o pobre cada vez mais pobre. É impressionante que em pleno o século XXI a escravidão volte a ser tema de preocupação em praticamente todo o mundo.

Desejo concluir este texto com uma breve avaliação sobre a igreja nestes dias de decadência. Nunca vivemos tão aquém do ideal de Deus para a sua igreja, onde substituímos nossa missão de ser luz através da pregação das Escrituras Sagradas, de uma ação prática que demonstra o amor de Deus para com povos do mundo e uma vida santa que se afasta e denuncia toda sorte de pecado moral, social e injustiças contra os mais fracos. A igreja substituiu este ideal de Deus por uma postura megalomaníaca de construção de templos cada vez maiores, de ajuntamento de massas, de shows, de busca por riqueza e bens terrenos e por uma vida cada vez mais luxuosa. Veja o que escreveu o filósofo francês Gilles Lipovetsky sobre a espiritualidade destes dias:

> Já nem a religião constitui um contrapoder face ao avanço do poder do consumo-mundo. Ao contrário do que se verificava no passado, a Igreja já não privilegia as noções de pecado mortal, já não exalta o sacrifício ou a renúncia. [...] De uma religião centrada na salvação no Além, o cristianismo passou a ser uma religião ao serviço da felicidade terrena, colocando a ênfase nos valores da solidariedade e do amor, na harmonia, na paz interior, na realização total da pessoa.[4]

---

[4] LIPOVETSKY, Gilles. A Felicidade Paradoxal: Ensaio Sobre a Sociedade do Hiperconsumo. Lisboa: Edições 70, pág. 111-112.

É lamentável que nossos dias tenhamos que presenciar dentro das igrejas ditas evangélicas aqueles pecados duramente combatidos pelo reformadores. A decadência moral atingiu não apenas os crentes comuns, mas a sua liderança, e até mesmo a sua liturgia. Lipovetsky escreveu ainda: "A espiritualidade tornou-se mercado de massas, produto a comercializar, sector a gerir e promover."[5] O que define a bênção de um culto, nesta espiritualidade doentia, é a presença de figuras de renome e a centralização das necessidades materiais, sociais e emocionais dos indivíduos presentes. Não é incomum os cânticos humanistas que só falam do homem e daquilo que espera como favor divino. Deus deixou de ser o centro do culto cristão e passou a ser um servo ao serviço das realizações dos caprichos dos seus adoradores. As músicas

---

[5] Ibid., pág. 112.

também tomaram uma vertente erotizada, onde a beleza do divino já não é algo a ser apreciado, adorado e temido, mas algo cada vez mais vulgarizado, através das palavras como beijar, abraçar, sentar no colo, tocar a face, entre outras. Numa adoração não só extra-bíblica mais anti-bíblica. Observamos, por exemplo, que quando Isaías viu a glória de Deus, ele a disse que viu o "[...] Senhor assentado sobre um alto e sublime trono [...]" (Is 6:1). Não consigo imaginar Isaías querendo tocar a Deus ou sentar-se no seu colo, ou qualquer coisa semelhante. Sua atitude foi uma atitude de alguém que reconheceu que precisava da misericórdia do Senhor, pois disse: "[...] Ai de mim! Pois estou perdido [...]" (Is 6:5). Já em Apocalipse vemos João, o discípulo do amor, aquele que havia deitado sua cabeça sobre o peito de Jesus (Jo 13:23), agora, ao vê-lo glorificado exclamou: "E eu, quando vi, caí a seus pés como morto [...]" (Ap 1:17). E ainda poderíamos recorrer a todos os Salmos e cânticos do Apocalipse e compará-los com o que se canta hoje, para concluirmos que estamos de fato experimentando a erotização da hinologia cristã. O que observamos na hinologia cristã é o mesmo fenômeno que observamos nas músicas seculares, cada vez mais sensuais. Observe que em Pompeia a arte plástica era a mais expressiva forma de arte daqueles dias, e por isto foi profundamente afetada pela imoralidade, semelhantemente, nos dias atuais, a música é sem dúvida a arte mais expressiva, e por isto tão carregada de sensualidade. O ponto importante a observar é que damos sinais sérios de decadência artística dentro e fora da igreja.

É importante observar também que Jesus nos alertou sobre a gravidade dos últimos dias, veja o que disse: "[...] Quando porém vier o Filho do homem, porventura achará fé na terra?" (Lc 18:8). Os pregadores da fé e da prosperidade, que são justamente aqueles que engordam as custas da igreja, pregam o contrário de Jesus, no entanto a realidade é esta, os últimos dias serão marcados por escassez de fé. O mesmo disse Paulo: "Porque virá tempo em que não suportarão a sã doutrina; mas, tendo comichão nos ouvidos, amontoarão para si doutores conforme as suas próprias concupiscências; E desviarão os ouvidos da verdade, voltando às fábulas." (2 Tm 4:3-4). O tempo da escassez da fé genuína e dos ouvidos voltados às fabulas já chegou, veja o que disse Lipovetsky: "Hoje, até a espiritualidade funciona em livre-serviço, na expressão das emoções e dos sentimentos, na procura resultante da preocupação com o melhor-estar pessoal [...]".[6]

---

[6] Ibid., pág. 113.

Acredito que se desejamos que algo mude, precisamos nos voltar para Deus com um coração sincero, e dizer como disse Calvino: *"Cor meum tibi offero domine prompte et sincere."* (O meu coração te ofereço, ó Senhor, de modo pronto e sincero). É preciso a semelhança dos reformadores restaurar os valores cristãos, e os Cinco Solas (Sola Fide/ Somente a Fé; Sola Scriptura/Somente a Escritura; Solus Christus/Somente Cristo; Sola Gratia/Somente a Graça; Soli Deo Glória/Glória Somente a Deus), que são sem dúvida um bom início para a reforma que tanto precisamos hoje na igreja, e da igreja para a sociedade.

A desumanização do brasileiro

Como imaginei, este texto deu "pano pra manga" quando foi primeiramente publicado como artigo no blog Verdade na Prática, mas continuo satisfeito por o ter escrito. Comecei o texto esperando as pedradas que viriam tão logo ele fosse publicado, e como já sabia que minha sina é levar pedrada mesmo, e se for para tornar pessoas passivas desconfortáveis, que venham as pedras. Mas resolvi neste breve texto, e digo breve, pois outro defeito do brasileiro é o não gostar de ler, aliás por que as novelas e os BBB são sucesso no Brasil? Porque há uma letargia no brasileiro, que o impede de ler, então se empanturra destas imundices que insistimos em chamar de cultura.

Sou brasileiro, do Rio de Janeiro, a utopicamente conhecida como a "Cidade Maravilhosa", no entanto, em cada viagem que faço entre Petrópolis e Niterói, onde tenho que atravessar parte das linhas vermelhas e amarelas, vou com o coração na mão. Não há nada mais aterrorizante no Rio de Janeiro do que ver mais de um carro de polícia na rua. Sinceramente, polícia e bandidos entraram em disputa pelo controle do crime de extorsão, tráfico de drogas e armas, roubo de veículos entre tantos outros crimes. E o cidadão? O cidadão é uma vítima destes dois bandos, um legitimado pelo Estado, e outro acobertado pelo mesmo Estado. Estes dias ouvi de um policial de uma das UPPs: "Aquilo ali é uma farsa, na verdade o crime continua, mas agora nas barbas da polícia."

Todos nós sabemos que a polícia do Rio de Janeiro e de qualquer outro estado brasileiro é corrupta, sem medo de exagerar. Aliás qualquer esfera do poder público brasileiro é dominado pela corrupção. Meu pai morreu estes dias, não havia lugar para enterrá-lo no cemitério da cidade, quase voltávamos com o corpo do velho para enterrar no jardim de casa, até que foi preciso dar uma "gratificação" ao coveiro, para arrumar cantinho para enterrar meu pai. Na verdade eu não estava presente, e a agonia desta desgraça social da corrupção misturada com a morte de um ente querido ficou para meus irmãos. Esse é o Brasil que pleiteia um assento no Conselho de Segurança da ONU!

A formação do povo brasileiro teve uma matriz única, como bem explica o antropólogo brasileiro Darcy Ribeiro em seu livro "O Povo Brasileiro", e nesta matriz tem de tudo e de todos, em nossa formação histórica o que não faltou foi crueldade, corrupção, miséria e muito sangue derramado. Obviamente que nem tudo foi desgraça, no meio disto tudo sempre tinha uma alma piedosa e gente trabalhadora. Mas via de regra não era assim, o brasileiro nasceu preguiçoso, basta ler os livros de história escritos sobre o Brasil escritos por estrangeiros. Está é uma história que procuramos esconder dos nossos filhos, com livros mentirosos preparados pelo Ministério da Educação ao longo dos anos.

Além disto, somos uma nação imoral, não só nos padrões éticos do quotidiano, pois até o coveiro precisa levar o seu, mas somos imorais na nossa sexualidade. O sonho de toda mulher famosa no Brasil é sair nua numa revista, que Deus preserve as puritanas, mas quem é que já não viu a vagina de boa parte das atrizes e modelos brasileiras? Não gaste dinheiro comprando estas revistas, toda vagina é basicamente igual, com raríssimas diferenças anatômicas. A mídia perverteu o brasileiro e o transformou num tarado impotente, pois os mais felizes sexualmente no mundo não são os brasileiros. E o carnaval? Melhor deixar de lado, pois o espaço está acabando e prometi ser breve. Tenho só em minha família cinco homossexuais, sempre convivemos sem nunca ter problema algum, cresci rodeado por eles e seus amigos, mas optei por ser heterossexual, no entanto hoje parece que há uma obrigação em sermos homossexuais, não é aceitar, respeitar e garantir direitos, mas uma gayzação da sociedade através da mídia e da mídia e do Ministério da Educação brasileiro e seus kits sexuais. Tolos são os heterossexuais e os homossexuais que estão ai se gladiando com pressupostos inúteis enquanto o governo utiliza esta guerra para roubar e deturpar mais ainda o povo brasileiro. Seja homossexual quem quer, seja heterossexual quem quer e ninguém tem nada com isto, e ao invés do governo querer controlar o que é de ordem privada, tem sido negligente naquilo que é de ordem pública.

A violência no Brasil alcançou índices de países em guerra e a crueldade e requinte da criminalidade no Brasil é algo que não se via desde a idade média quando corpos eram queimados em praça públicas, arrastados por animais pelas ruas, esquartejados e pendurados pelas árvores. O brasileiro não evoluiu, ele é um animal selvagem destruidor que fala, que conduz carros, que usa celular e navega na internet. Não sou evolucionista, mas usarei um termo destes colegas, o homem brasileiro é um primata, mas não um primata glorificado ou melhorado, e sim um primata piorado. Estamos cansados de ouvir histórias de balas perdidas, de jornalistas queimados, de crianças arrastadas por bandidos e adultos pela polícia. Estamos cansados de passar por corpos nas ruas no caminho para a escola ou para o trabalho, estamos cansados de ouvir falar de chacinas, cada vez mais perto de nós.

O governo podia criar a "bolsa psiquiatra ou psicólogo", para tratar da saúde mental de quase todos brasileiros, pois estamos doentes, uns por praticarem o mal, outros por serem vítimas do mal e ainda outro por não saberem se serão os próximos nesta desgraça toda. Mas este desabafo cruel que faço, não tem espaço, é duro de mais para alguns e exagerado demais para outros. Mas na verdade ele não é conveniente. Vem ai Copa do Mundo, Olimpíadas e antes disto as eleições, ah, as eleições. Quando escrevi este artigo disse que anularia meu voto, foi um dia inteiro a receber adjetivos típicos de gente de baixo calão. Eu anularei meus votos! E explico os motivos: i) Existe aproximadamente quarenta partidos políticos no Brasil, e nenhum que apresente uma ideologia convincente, o que temos são partidos formados por homens gananciosos na luta pelo poder. A prova mais evidente da falta de ideologia é o conluio existente entre os partidos. ii) O motivo que me deram, e sobre o qual passaram todo o dia a tentar me convencer é que o importante é tirar o PT do poder, mesmo que isto implique em elegermos outro político corrupto para por no lugar. Um pensamento que em minha cabeça não faz qualquer sentido. O que se propões pela oposição e outros não é a moralidade, a honestidade, a verdade, mas sim que o outro candidato perca as eleições para que o "meu partido" assumir o poder. É poder para que? Corromper-se mais ainda.

Na verdade estamos falando de uma mesma moeda com dois lados diferentes, não consigo ver diferença alguma entre o PT e seus políticos em comparação com a oposição. Se por um lado vemos uma ação imoral do PT em fazer uso do assistencialismo para se manter no poder, por outro lado vemos a oposição fazendo uso do utilitarismo para tentar recuperar o poder, o que também é imoral. E este medo de que o Brasil se torne comunista, ao meu ver é irreal, nem a Venezuela com todo populismo chavista se tornou comunista. Se no auge do comunismo no mundo eles não conseguiram, não será agora. E os políticos comunistas brasileiros são capitalistas demais no que diz respeito ao dinheiro público, para que o comunismo possa dar certo no Brasil. Somos imorais até para ser comunistas!

Meu voto nulo é meu manifesto, é um grito silencioso de que no Brasil não há político que preste, não deve mudar dada, mas pelo menos fiz meu manifesto! O que levanta a revolta de alguns é o fato de não entenderem ou considerarem uma posição ética e moral do eleitor como um fator importante. Isto quer dizer que não importa a postura ética de ninguém, o importante é votar para tirar alguém do poder ou favorecer outro a chegar ao poder, neste sentido os valores morais são descartáveis. O meu voto nulo é também muito mais que um manifesto, é minha postura moral num país corrompido e um acordo de paz com minha consciência por não fazer parte da massa que se deixa levar por falácias e interesses escusos.

A cultura da corrupção no Brasil

"O Brasil já conheceu todas as formas de governo, foi colônia, monarquia, ditadura e república, em todas elas foi corrupto."

- Luis A R Branco

Já há algum tempo que venho incomodando alguns com meus textos, poesias e frases que denunciam a corrupção histórica e cultural do povo brasileiro. Alguns dizem que o que escrevo é mentira, outros que sou sensacionalista e outros que só quero aparecer. Diz o ditado popular que a pior "cegueira é aquela de quem não quer ver" e ao que me parece, o povo brasileiro prefere ignorar sua mazela do que reconhecê-la para então enfrentá-la. Em filosofia costuma se dizer que "*a observação precede a reflexão*", sendo assim, preparei uma pequeníssima bibliografia que trata da corrupção no Brasil em todos os seus regimes de governo. Minha tese é que a corrupção faz parte da nossa cultura, o tanto quanto faz um bom churrasco. Goste você ou não, assim é que é!

Não escrevo e "coloco a minha cara a tapa" sem antes saber o que estou falando, e se o faço, faço com conhecimento de causa, na liberdade da minha consciência e no exercício da minha vocação filosófica, teológica e poética. Além do mal da corrupção, somos um povo pouco dado a leitura, vivendo apenas daquilo que a mentirosa mídia brasileira nos oferece.

Esta é uma curta bibliografia sugerida para aqueles que estejam interessados em conhecer mais a história da corrupção no Brasil, desde o Brasil Colonial até os dias de hoje. Alguns livros são mais específicos outros abordam pontos isolados, bem, depois que me pediram para provar minha tese de um país subdesenvolvido moralmente e sempre a chafurdar na lama da corrupção faço aqui minha sugestão de leitura:

1. O Povo Brasileiro: A Formação e o Sentido do Brasil, Darcy Ribeiro, Companhia das Letras.

2. Geografia da Fome: o dilema brasileiro pão ou aço, Josué de Castro, Civilização Brasileira.

3. O Português que nos Pariu, Angela Dutra de Menezes, Redord.

4. 1889, Laurentino Gomes, Globo Editora.

5. Um Estudo sobre Poder Público e Relações Sociais, de Marcos Otávio Bezerra, Ed. Relume Dumará.

6. A Economia Política da Corrupção no Brasil, de Marcos Fernandes Gonçalves da Silva, Ed. Senac.

7. A Fantástica Corrupção no Brasil, de Mário Barros Jr, Ed do Autor.

8. Náufragos, Traficantes e Degredados, de Eduardo Bueno, Ed. Objetiva.

9. Corruption and Democracy in Brazil: The Struggle for Accountability (ND Kellogg Inst Int'l Studies), Timothy J. Power and Matthew M. Taylor, University of Notre Dame Press.

10. Corruption in Brazil: from Sarney to Lula, Eduardo Graeff, Editora Eduardo Graeff.

11. Como Eles Agiam: os Subterrâneos da Ditadura Militar, Carlos Fico, Record.

12. História Indiscreta da Ditadura e da Abertura, Ronaldo Costa Couto, Record.

13. Tudo a Declarar, Armando Falcão, Nova Fronteira.

14. A Volta aos Quartéis — Memória Militar Sobre a Abertura, Celso Castro e Gláucio Ary Dillon Soares, Relume-Dumará.

Nós brasileiros

No Brasil temos aquilo que podemos chamar de cultura adquirida ou desenvolvida, que é a "cultura da corrupção". Tentamos negar esta triste realidade dizendo que a corrupção no Brasil é um assunto pontual, restrito à casos isolados. Mas na realidade, temos que assumir, vivemos uma *degeneração do indivíduo numa cultura corrupta generalizada.*"

A corrupção atinge desde o flanelinha que tenta extorquir dinheiro das pessoas que civicamente tentam fazer uso dos estacionamentos públicos das cidades, e daí parte por uma cadeia ininterrupta atingindo comerciantes, executivos e políticos. É preciso admitir que no Brasil a corrupção atinge desde o mais simples na rua à Presidência da República.

Costumes horrendos como o *"jeitinho brasileiro"*[7] ou a *"lei do gerson"*[8] fazem parte da nossa identidade cultural tal como a paixão

---

[7] "Jeitinho", expressão brasileira para um modo de agir informal amplamente aceito, que se vale de improvisação, flexibilidade, criatividade, intuição, etc., diante de situações inesperadas, difíceis ou complexas, não baseado em regras, procedimentos ou técnicas estipuladas previamente. "Dar um jeito" ou "Dar um jeitinho" significa encontrar alguma solução não ideal ou previsível. Por exemplo, para acomodar uma pessoa a mais inesperada em uma refeição, "dá-se um jeitinho".
Fonte: https://pt.wikipedia.org/wiki/Jeitinho

[8] Na cultura midiática brasileira, a Lei da Vantagem ou Lei de Gérson é um princípio em que determinada pessoa ou empresa deve obter vantagens de forma indiscriminada, sem se importar com questões éticas ou morais (princípio seguido por uma parcela de agências e publicitários, que recebem pagamento por anúncios ou premiações pelo trabalho realizado, mas não querem se responsabilizar caso o efeito da divulgação cause transtornos ou danos, eximindo-se de culpa e a transferindo para o anunciante ou para o público, como ocorreu nesse caso com a agência responsável, o que não acontece no caso de premiações, caracterizando como dissimulados praticantes da Lei da Vantagem). A "Lei de Gérson" acabou sendo usada para exprimir traços bastante característicos e pouco lisonjeiros do caráter midiático nacional que passa a ser interpretado como caráter da população, associados à disseminação da corrupção e ao desrespeito a regras de convívio para a obtenção de vantagens.
Fonte: https://pt.wikipedia.org/wiki/Lei_de_Gérson

pelo futebol ou carnaval. É preciso admitir, somos um povo corrupto, não confiável, e isto não é um mero hábito ruim, é nossa identidade cultural.

Somos corruptos nos lares, somos corruptos nas escolas, somos corruptos nos transportes públicos, nos departamentos e serviços públicos, nos comércios, nas indústrias, nas assembleias legislativas, nos tribunais, nos gabinetes dos prefeitos e governadores, somos corruptos no senado e na presidência da república, em todo lugar há sempre um dinheiro passando por debaixo da mesa ou sendo desviado.

Somos um país que apoia regimes ditadores no Oriente Médio, África, Ásia e América Latina, chamando seus populismo e arbitrariedades de democracia, e ao mesmo tempo exigimos o respeito do mundo e pleiteamos assentos seríssimos nas Nações Unidas.

Este é o brasileiro que se levanta todo dia para trabalhar para um sistema disfuncional, corrupto e massacrante. E o pior, se diz feliz! Eu não sou brasileiro, aliás não quero ser, não quero ser feliz nesta lama que nos envolve, mas não sou apátrida e nem posso ser, então sou obrigado pelo destino pertencer a esta massa apodrecida. Sinto-me sujo, e percebo que não sou o único, outros milhares de "brasileiros" desejam não ser este brasileiro cultural descrito acima, queriam tal como eu ser apenas um cidadão honesto que paga seus impostos e os vê sendo bem utilizados, gostaria de ver a cidade funcionando em ordem, paz, igualdade e fraternidade. Queria ter orgulho de ser brasileiro, orgulho que já perdi há algum tempo.

Como inverter este processo, sem uma mudança radical em todos os setores da sociedade, sem o extermínio no jeitinho e da lei do gerson, sem remoção de políticos corruptos e a demissão coletiva de funcionários públicos? Sem a importação de valores e princípios éticos de outros povos? É um trabalho tão grande, é como redescobrir, o Brasil.

Assistencialismo e o populismo no Brasil

Em primeiro lugar nenhum governo deveria se orgulhar do assistencialismo[9], pois isto mostra a incapacidade deste mesmo governo em prover para o seu povo condições dignas de vida. A dignidade vem do fato do indivíduo trabalhar e no final do mês receber o suficiente para pagar suas contas e prover para a sua família. Como não é interesse do governo que tal aconteça, o

---

[9] O historiador Marco Antonio Villa, critica políticas assistencialistas como as praticadas pelos centros sociais do Rio de Janeiro e alega que esse tipo de assistencialismo é usado primariamente como método de compra de votos.
Fonte: http://www.institutomillenium.org.br/divulgacao/entrevistas/o-historiador-marco-antonio-critica-assistencialismo-nas-eleies-sob-controle-dos-vereadores-centro-social-se-transforma-numa-espcie-de-escritrio-eleitoral/

que ele faz, entra com esmolas assistencialistas, no Brasil chamado de "Bolsas"[10].

O assistencialismo leva ao outro degrau de interesse dos políticos, "populismo". O populismo é o apoio extraído do povo em troca de benefícios. É por isto que nestas pesquisas, principalmente entre os mais carenciados, a popularidade do governo está sempre em alta. No passado, chamávamos isto de paternalismo, no entanto, tendo em vista a intenção maquiavélica do governo, o "populismo" soa melhor.

---

[10] O Programa Bolsa Família (PBF) é um programa do Governo Lula (2003) de transferência direta de renda com condicionalidades, que beneficia famílias em situação de pobreza e de extrema pobreza, criado para integrar e unificar ao Fome Zero os programas implantados no Governo Fernando Henrique Cardoso: o Bolsa Escola, o Auxílio Gás, o Bolsa Alimentação e o Cartão Alimentação.
Fonte: https://pt.wikipedia.org/wiki/Bolsa_Fam%C3%ADlia

O populismo se transforma em voto, pois a dona de casa, o chefe de família, indigno, pois recebe insuficiente para cobrir as suas despesas, vêm-se obrigado a votar neste governo no intuito de manter o assistencialismo. É um ciclo sem fim! E com isto o governo se alegra em vencer as eleições com base na miséria e exploração do seu povo.

Não há um política de inserção financeira, de melhorias de salários, de diminuição do custo de vida, na diminuição de impostos e taxas. É uma vergonha, mas o atual governo, para se manter no poder, precisa manter o pobre. Não caia na conversa do governo nestas mudanças de classes, que só existe no Brasil, classe A, B, C, D, E, F. Isto é basicamente o sistema de castas da Índia.

No Brasil comida, roupa, carro, eletrônicos, saúde, entre outros é muito mais caro que nos Estados Unidos e Europa. Uma vergonha! Como é possível? É possível pois o governo mantém gastos elevadíssimos com salários, mordomias e roubo dos políticos.

É preciso conscientizar nosso povo, nas igrejas, nos clubes, nos bares, nas escolas nas ruas, e em todo ligar, que se não vencermos as manobras assistencialistas deste governo, continuaremos dependentes e miseráveis.

O assistencialismo é uma ideologia e prática política que em nome da defesa e da assistência aos pobres utiliza o dinheiro público como subterfúgio para agadanhar votos desta camada da sociedade com promessas demagógicas para se manterem no poder.

Já projetos de cidadania que o Brasil precisa é um conjunto de ações do governo de forma a garantir ao cidadão os direitos básicos de acesso a educação, saúde, emprego, moradia, lazer, liberdade de expressão e consciência, liberdade política, segurança pública, e por ai vai.

Enquanto o governo continuar a gastar o dinheiro público com assistencialismo não há recursos para a cidadania. E acima de tudo, a cidadania eleva o indivíduo mantendo sua dignidade, o assistencialismo é uma esmola humilhante que rebaixa o indivíduo num estado de pobreza antropológico.

Mortes diretas e indiretas no Brasil: um genocídio silencioso

Nos últimos doze anos em que o PT[11] esteve na liderança do Governo Brasileiro temos observado uma escalada assustadora da violência no país. Não vemos nenhuma ação coordenada do estado para frear esta violência, não há um projeto social viável e que não utilize o uso da força como contra resposta a criminalidade, e consequentemente acabamos por ter mais mortes e mais violência. Mas o que

---

[11] Partido dos Trabalhadores.

esperar de um governo que exalta regimes ditatoriais no mundo e elege Cuba como um paraíso na terra? O comunismo, pano de fundo de toda ideologia petista já fez mais de setenta milhões de vítimas no mundo inteiro, e apenas em Cuba, segundo Armando Lago, um economista cubano no exílio, as vitimas de Fidel Castro podem chegar a 100 mil pessoas.[12] É este paraíso que o PT sonha em estabelecer para o povo brasileiro!

No entanto, já há algum tempo que o PT tem praticado de maneira direta e indireta um genocídio sem precedentes jamais visto na história do Brasil e que infelizmente o mundo levará tempo para reconhecer, e temo que até lá seja tarde demais para o Brasil, para a América do Sul e para o mundo. "Aproximadamente 50

---

[12] FRANCES Robles, "Fidel Castro," Miami Hehald, April 7, 2014, accessed April 7, 2014,http://www.miamiherald.com/multimedia/news/castro/victims.html.

mil homicídios ocorrem a cada ano no Brasil",
sublinha a Human Rights Watch, das Nações
Unidas. Isto significa que aproximadamente
seiscentos mil brasileiros executados desde que
o PT assumiu o poder.

Segundo a ONU para Alimentação e Agricultura
(FAO), há no Brasil aproximadamente 13,6
milhões (em 2012) passando fome, e
milhares destas pessoas morrem a cada ano, isto
porque os projetos assistencialistas do PT não
abrange a todo brasileiro, mas apenas aos
eleitores ou possíveis eleitores do PT. O
Sindicato dos médicos denunciou em 2011, que
apenas no Rio de Janeiro morreram nos
hospitais públicos do estado, por falta de
atendimento, aproximadamente 6.000 pessoas,
depois de esperas agonizantes das vítimas e
familiares nas portas dos hospitais. Daqui é

possível presumir o que se passa nos demais estados brasileiros.

Não há outra possibilidade se não presumir que o descaso político deste atual governo brasileiro com a violência, com a fome e com a saúde publica é sim um genocídio silencioso praticado pelo governo petista contra a população brasileira. Sem contar o "genocídio intelectual" com o descaso com a educação. O que iremos fazer, nos calar ou denunciar? Exigir imediatamente seja por impecheman ou no processo democrático eleitoral a saída desde governo assassino. No entanto, isto só será possível com a clara conscientização da população sobre o monstro que se esconde por trás do PT.

E para concluir cito a velha frase de Martin Luther King: "O que me preocupa não é o grito dos maus. É o silêncio dos bons." E não nos adianta esperar pela mídia brasileira como delatora destas atrocidades, na verdade ela e cúmplice devido ao seu silêncio comprado.

Não há política no Brasil

No Brasil já há algum tempo que não há política. Política é uma arte, uma arte voluntária de pessoas capazes de organizar a cidade, estado ou país e os seus cidadãos. A política como arte é uma definição antiga, e vem sendo defendida como arte pelos gregos, Maquiavel e outros académicos modernos.

No Brasil a política deixou de ser arte e passou a ser Ciência Jurídica. Já contaram quantas CPIs e casos criminais com políticos existem em nosso país nos tribunais? É incrível! O político por definição deveria ser um artesão, mas sua condição de réu em CPIs, polícias e tribunais o transformou em ladrão e criminoso. No Brasil, política deixou de ser arte e passou a ser crime organizado com a garantia do estado para a extração de recursos púbicos para fins pessoais.

É triste mas não existe política Brasil. A palavra "politikós" – "dos cidadãos, pertencente aos cidadãos," não é um sentimento nacional. Política como arte e político como do povo e para o povo, é uma reforma que vai muito além da reforma política proposta por ai. É preciso tirar todos que lá estão com uma concepção errada de política e entregá-los a justiça e a polícia e começar tudo novamente, com gente nova, de mente progressista e rescrever a história de um povo que até agora só conheceu a escravidão.

Acredito no Brasil

Acredito no Brasil histórico, isolado do mundo habitado por milhões de índios, verdadeiros guardiões das florestas e rios de água límpida que cobriam toda a extensão de terra deste país.

Acredito no Brasil histórico invadido pelo homem branco, cheio de religiosidade na alma e perversidade no coração que chegou para se apropriar, expulsar e escravizar os verdadeiros donos desta terra.

Acredito no Brasil histórico que sempre foi corrupto e explorador dos mais pobres desde a Monarquia à República.

Acredito no Brasil histórico explorador dos negros arrancados de suas terras para servirem nas roças do homem branco sob o poder dos chicotes, e nas mulheres negras e índias abusadas sexualmente para que hoje existisse um Brasil de diversas cores.

Acredito no Brasil atual onde pobre sempre foi enganado com promessas mentirosas pela classe política, que tem seu voto comprado através de sacos de comida, sacos de cimento, tijolos e mesmo um asfalto na sua rua. Criando-se um vício político de manutenção eleitoral até ser institucionalizado pelo Governo em seus programas assistencialistas.

Acredito no Brasil atual onde milhões de cidadãos continuam analfabetos e crianças fora das escolas, e nas escolas de má qualidade com professores mal preparados e sem incentivo para melhorar a educação do país e nos milhares de jovens que se formam a cada ano com uma educação de quinta categoria enquanto rios de dinheiro são desviados dos cofres públicos.

Acredito no Brasil atual que não investe em ciências e pesquisas, sendo um dos países do mundo com o menor percentual de mestres e doutores, no país que se orgulha em exportar grãos e tem a vergonha de importar tecnologia, pois temos um ministério da educação que nunca pensou na educação continuada e na especialização dos profissionais brasileiros, não por falta de recursos mais de boa vontade.

Acredito no Brasil atual vítima da violência urbana que dízima milhares de vidas todos os anos tornando-se o país com o maior número de mortes por armas de fogo do mundo, e na incapacidade da polícia, que mal treinada e equipada compete com o crime organizado na perpetração de atos de violência e espoliação da sociedade, e nos milhares de pais e mães que hoje choram a morte de seus filhos vítimas das balas perdidas de criminosos e policiais.

Acredito no Brasil do futuro que irá romper com mal e chacoalhar o jugo dos opressores demovendo-os do poder fazendo uma limpeza ética em todos os níveis de governo e um dia, em todos os sectores públicos fazendo do Brasil uma nação justa.

Acredito no Brasil do futuro que investirá na educação de ponta, desde a base até à especialização de seus profissionais, criando escolas e universidades inovadoras que resultará no avanço da ciência e tecnologia no país.

Acredito no Brasil do futuro que utilizará bem suas riquezas para a extinção da pobreza, num país de impostos justos e bem empregados na melhoria do país, e na criação de novas empresas que irão gerar mais empregos, num país onde há oportunidades para todos.

Acredito no Brasil do futuro reconhecido pela sua liberdade, onde o direito à fé, à orientação sexual, à ideologia política, à liberdade de expressão sejam garantias irrevogáveis do cidadão comum, numa mídia livre e comprometida com à verdade.

O mais rico do mundo

Um dia enquanto comiam e bebiam na casa da família ATX[13] (cognome escolhido pela família que tinha superstição com a letra X, para esconder o verdadeiro nome da família que era Ate, nome da deusa grega da insensatez). Ouviram falar que havia tanta riqueza no mundo que era possível se tornar bilionário como que num passe de mágica. O Sr. ATX, chefe da família, e muito cobiçoso, logo pensou em voz baixa: "Se viesse a ser o homem mais rico do Brasil e depois o mais rico do mundo, não temeria a ninguém, nem mesmo o diabo!"

-----

[13] Sátira baseada na vida de um empresário brasileiro que ambicionava ser o homem mais rico do mundo, façanha que quase alcançou, se não fosse o azar de ver seus planos descerem água abaixo.

Acontece que o diabo tinha sentado-se num recanto da lareira e tinha ouvido tudo e ficara contentíssimo com o que o Sr. ATX dissera.

"Muito bem! – Disse o velho diabo: "– Dou-te toda a riqueza que conseguires ajuntar num único dia." E assim saiu o Sr. ATX, a assinar contractos, vender sonhos, tomar empréstimos, e quanto mais conseguia, mais fácil tornava-se adquirir as coisas. O diabo, velho e astuto, para facilitar, colocou alguns de seus agentes disfarçados de políticos para facilitarem-lhe ainda mais a vida.

Acontece que o mesmo diabo, disfarçou-se de uma linda mulher e apresentou-se como Conselheira Financeira, chamada Sra. Métis (deusa grega da sabedoria), que aconselhou ao Sr. ATX a investir toda sua riqueza no mar, pois colheria depois milhares de vezes a soma que havia investido. Encantado pela beleza e pela voz da Sra. Métis, e por esta ter um tio chamado Sr. Oceano (deus grego dos poços, fontes) que era muito conhecedor daqueles negócios, deu a eles toda a confiança.

O que aconteceu foi que ao escolher onde investir a riqueza do Sr. ATX, por infelicidade e estupidez do Sr. Oceano, investiram-na toda numa propriedade pertencente ao Sr. Perses (deus grego da destruição), que controlava, inclusive, as bolsas de valores do mundo, e aliado ao diabo, no mesmo dia levou o Sr. ATX a completa falência.

Exausto, caído no chão, sem força para levantar-se e encarar o mundo, aparece-lhe dentre as nuvens um velho sábio chamado

Tolstoi[14] que disse-lhe: "Nascemos sem nada, partimos desta vida sem nada levar, a não ser, sete palmos de terra." E assim terminou a triste aventura da família ATX, que de tão vaidosa havia dado aos filhos nomes dos deuses vikings, mas mesmo com nome de deuses, continuaram a ser homens e a cometer os pecados dos mortais.

"Porque o amor ao dinheiro é a raiz de toda a espécie de males; e nessa cobiça alguns se desviaram da fé, e se traspassaram a si mesmos com muitas dores." 1 Timóteo 6:10

---

[14] Sátira inspirada parcialmente na obra de Liev Tolstói, De Quanta Terra Precisa o Homem? (Em Portuguese Do Brasil) (São Paulo: Companhia das Letrinhas, 2000).

A mordaça do PT

Em todo país há algum tipo de corrupção, uns com índices baixíssimos e outros elevadíssimos. Nesta escala a Dinamarca e Nova Zelândia ocupam o primeiro lugar na escala entre os menos corruptos do mundo, já a Somália, Coreia do Norte e Afeganistão disputam o último lugar na lista, no 175º lugar. E o nosso Brasil, onde está? Ocupamos o 72º nesta tabelinha de salafrários.[15]

Nos gabamos em ser a 7ª ou 8ª economia do mundo, só nos gabamos, pois quem festeja tamanha riqueza são os corruptos, que metem a mão nesta bolada. É preciso perceber a

---

[15] Transparency International, "Corruption Perceptions Index 2013," Transparency International the Global Coalition Against Corruption, accessed April 26, 2014, http://cpi.transparency.org/cpi2013/results/.

gravidade da situação, precisamos, todos os brasileiros, olhar no espelho e com coragem dizer: "Somos um país corrupto, mas queremos mudar!" Ou iremos passar mais 500 anos a chafurdar na lama da corrupção extinguindo as riquezas no nosso país nas mãos dos corruptos? A verdade é que fomos colónia, império, ditadura militar e república democrática, mas em todos estes sistemas de governo fomos corruptos. A corrupção se tornou parte da cultura brasileira e afeta desde o flanelinha que busca extorquir os pobres motoristas que simplesmente buscam um lugar seguro para deixar seu carro, ao presidente da república. É uma canalhada desgraçada, para dar e vender!

Façamos uma análise da nossa posição neste índice nos últimos anos:

2013 – 72º

2012 – 69º

2011 – 73º

2010 – 69º

2009 – 75º

2008 – 80º

2007 – 72º

2006 – 70º

2005 – 62º

2004 – 59º

2003 – 54º

2002 – 45º

2001 – 46º

2000 – 49º

1999 – 45º

Como podemos ver, e isto aqui não é pesquisa maquiada, é pura realidade e realizada por organismos internacionais seríssimos, o Brasil nos últimos 15 anos apurados pela

Transparency International the Global Coalition Against Corruption os seus melhores anos foi sob o governo de Fernando Henrique Cardoso, o período da maior corrupção foi na era Lula, onde chegamos ao 80° e agora na era Dilma ocupamos o vergonhoso 72°.

Diante destas e outras realidades, conseguimos entender porque tanto interesse e investida do governo petista em limitar a liberdade de imprensa e livre expressão no Brasil, é simples como tal: "Querem continuar a roubar o país, nos fazer de trouxas e com que sobra da ladroagem fazer assistencialismo e assim conseguir aplauso de gente desinformada!"

Em termos de liberdade de imprensa o Brasil ocupa o índice 111° em 2014.[16] Observamos

16 Reporters Without Borders, "World Press Freedom Index 2014," Reporters Withour Borders, accessed April 26, 2014, https://rsf.org/index2014/en-americas.php#.

uma ação orquestrada do governo petista para inibir a liberdade no Brasil, com qual intenção, senão transformar o país no covil de salteadores. Seria possível apresentar aqui uma vasta lista das ações intolerantes do atual governo contra a liberdade, mas para já citaremos apenas duas recentes, o caso envolvendo a jornalista Rachel Sheherazade censurada pelo governo e o Blog Genizahvirtual processado pelo Ministro Marcelo Crivela, ao ser denunciado por uso de recursos públicos em benefício da sua ONG. Uma vergonha!

O PT precisa deixar o poder, é importantíssimo para a democracia e para o próprio partido. Eles já causaram danos demais ao Brasil, e mais quatro anos no governo pode ser categorizado como uma ditadura branca. O PT diabolicamente orquestrou e montou um sistema populista através de seus programas de assistencialismos cheios de escândalos de corrupção, que distribuiu dinheiro para todo mundo até para presidiários. Um populismo dos mais salafrários que já vimos na história!

A história está sendo escrita, e nela nem Lula sai como príncipe e nem a Dilma como princesa, saem como os governos mais corruptos que o Brasil conheceu.

Unamo-nos em prol da liberdade antes que nos calem para sempre!

Ali Baba e o califado chamado Brasil

Ali Babá era um pobre metalúrgico que todos os dias levantava cedo, tal como os seus milhões de patrícios para trabalhar na indústria.[17] Ali Babá era um tipo estranho, meio bipolar ou no mínimo esquizofrênico, pois numa hora era possível ouvi-lo narrar seus sonhos e ideais com o vigor de um verdadeiro califa, mas quando preciso, sabia ser choroso, e melancólico narrava toda a sua saga de ter atravessado o deserto das arábias num tapete voador pau de arara para chegar a metrópole onde vivia. Era

---

[17] Sátira baseada no esquema de corrupção que assolou o Brasil, envolvendo toda a cúpula do governo petista entre 2005 e 2006.

até possível ver algumas lágrimas nos seus olhos de narrador sofrido.

Alguns que conheciam Ali Babá mais a fundo diziam que na verdade ele se valia da arte da representação teatral que aprenderá no quarto ano da escola, quando deixou de estudar. Na verdade Ali Babá não nascera para a escola, nem para o trabalho, preferia os discursos. Assim vivia Ali Babá na metrópole, pobre, sonhador, esperando que a vida fácil caísse-lhe do céu ou de Brasília, tanto faz. Era um verdadeiro contador de histórias e tinha a sagacidade da mentira, e quando falava uma inverdade, era tão convicto que todos davam crédito às suas histórias. Suas histórias tornara-se tão famosas que praticamente havia um grupo para ouvi-lo diariamente, e por uns copos de aguardente era capaz de falar a noite toda.

Um dia depois do trabalho, Ali Babá foi atraído por um grupo de ladrões que por ali passavam com um tesouro nas mãos e que iriam esconder em um tal de sindicato. Ali Babá os seguiu de longe e as escondidas observava como os ladrões entravam no sindicato, para tal, era preciso fazer um discurso emocionante na entrada da caverna, e esta abria-se como num passe de mágica, assim todos entraram, guardaram o tesouro roubado dos cofres públicos e saíram para mais roubalheiras. Ali Babá, muito esperto e bom como era na arte do discurso, logo a montanha abria-se para ele que maravilhado e escondido entrou para ver os artefactos roubados. Tinha de tudo, dólares, euros, ouro, prata, comprovantes de depósitos em paraíso fiscal, e inclusive lhe chamou a atenção uma boa quantidade de papéis, na verdade contratos diversos, mas que estavam sujos de petróleo. Enquanto observava tudo, percebeu que os ladrões haviam voltado e sorridentes traziam mais contratos sujos de petróleo, mas pelos quais estimavam mais do que ao ouro.

De tanto entrar no sindicato, caverna onde escondiam-se os roubos, os demais ladrões logo desconfiaram que alguém mais andava por ali a fazer pequenos furtos. Na verdade Ali Babá roubava os ladrões aos poucos de modo que não notassem, coisa pouca, o suficiente para o sustento da família e de uma prostituta que mantinha como amante cujo nome era Morgiana. Mas logo os ladrões desconfiaram quem seria o ladrão e tramaram uma forma de pegá-lo. O chefe dos ladroes disfarçado de empresário do ramo de petróleo bate na porta de Ali Babá apresentando-se como Batista, diz-se cansado da viagem e pede hospedagem. Ali Babá desconfia, mas temendo por sua vida oferece um local para o pobre homem passar a noite. Batista trazia trinta e nove barris de petróleo, dentro dos quais escondia-se um ladrão, cada barril trazia a insígnia "mensalão", palavra que Ali Babá fingia desconhecer, mas na verdade, na caverna já havia lido muitos contratos com este nome e levado para casa alguns tesouros provenientes deste tal mensalão.

Ali Babá tramou com sua amante Morgiana que durante a noite iriam ferver óleo quente em um fogão a lenha velho, onde costumavam manter as coisas em "banho-maria", cujo nome era STF, e quando o óleo estivesse bem quente, o que demoraria quase a noite toda, pois o STF era de uma lerdeza e incapacidade impressionante, mas por fim o óleo ferveu e juntos Ali Babá e Morgiana liquidaram com os trinta e nove ladrões, o chefe deles, que tinha o nome de Dirceu, tentou fugir mas morreu apunhalado por Morgiana.

E assim, com a morte dos ladrões e com tanta riqueza a disposição, Ali Babá resolveu criar um califado absolutista ao qual deu o nome de Brasil, e como nuca fora dado ao trabalho, pois gostava mesmo é de tomar sua aguardente ao lado de sua amante Morgiana, colocou uma de suas servas chamada Dilma para gerir o califado em seu lugar. E ao sindicato deu o estranho nome de PT.

Autor

Casado há 13 anos e pai de duas lindas meninas, nasci na cidade de Petrópolis, RJ, Brasil, em Janeiro de 1974. Sou licenciado em Estudos Bíblicos e Teologia (BA), Mestre em Administração de Eclesiástica e Liderança (MA), possuo o Grau de Doutor em Ministério (D.Min.) e actualmente sou doutorando em filosofia. Meus trabalhos inclui servir como um pastor local e professor no Seminário Teológico Baptista, em Queluz, Portugal. Sou membro da

Society of Christian Philosophers, membro da Sociedade Brasileira dos Poetas Aldravianistas, membro do Movimiento Poetas Del Mundo, membro da União Brasileira de Escritores, membro da Academia de Letras e Artes Lusófonas e filiados com a Junta Administrativa de Missões Convenção Batista Nacional. Tendo trabalhado em vários países, deu-me uma importante experiência transcultural. Minha teologia é reformado e como poeta, tenho um estilo melancólico seguindo o padrão dos ultra-românticos do século XIX, sou humanista caracterizado pela idéia de que o homem so consegue a sua verdadeira essência do conhecimento de Deus. Vivo em Lisboa, com a minha família e possuo obras publicadas nas áreas de espiritualidade, teologia, filosofia e antologia.